I0099256

LES
BIBLIOTHÈQUES DE PARIS

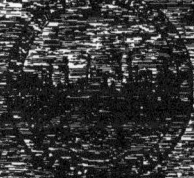

PARIS

LES

BIBLIOTHÈQUES DE PARIS

en 1721-1722

Décrites par le Suédois George WALLIN

PAR

H. OMONT

PARIS

1918

Extrait du *Bulletin de la Société de l'Histoire de Paris
et de l'Ile-de-France*, tome XLV, (1918)

LES BIBLIOTHÈQUES DE PARIS

EN 1721-1722

DÉCRITES PAR LE SUÉDOIS GEORGE WALLIN

Parmi les voyageurs étrangers qui visitèrent Paris, à la fin du règne de Louis XIV ou dans les premières années du règne de Louis XV, plusieurs n'ont pas manqué, dans les relations imprimées de leurs voyages, de consacrer un chapitre au moins, si ce n'est un livre entier, aux bibliothèques parisiennes. Tels sont le Dr Lister [1], qui, après avoir accompagné en 1698 le comte de Portland, ambassadeur du roi d'Angleterre auprès de Louis XIV, fit paraître cette année même à Londres une relation de son voyage; Joachim Christoph Nemeitz [2], conseiller du prince de Waldeck, qui, en 1718, après deux années passées à Paris, où il avait accompagné de jeunes seigneurs allemands, consignait à l'usage de ses compatriotes, en un petit volume bientôt traduit en français, en 1727, les souvenirs de

---

1. Voir Sidney Lee, *Dictionary of national biography* (1893), vol. XXXIII, p. 350-351. Une traduction française du *Voyage de Lister à Paris en MDCXCVIII* a été donnée par M. E. de Sermizelles et publiée pour la Société des bibliophiles françois (Paris, 1873, in-8°). Le chapitre V (p. 99-134), est intitulé : « Bibliothèques publiques, Hommes de lettres ».

2. Voir Christophori Saxii *Onomasticon literarium* (1788), t. VI, p. 137, et *Allgemeine deutsche Biographie* (1786), t. XXIII, p. 424-426. Une traduction française parut dès 1727 sous le titre de : *Séjour de Paris, c'est-à-dire Instructions fidèles pour les voyageurs de condition,... divisé en deux tomes* (Leide, 1727, in-12); M. A. Franklin en a donné une adaptation, intitulée : *La vie de Paris sous la Régence*, qui forme l'un des volumes de *La vie privée d'autrefois* (Paris, 1897, in-18); le chapitre XIX (p. 156-179) est intitulé : « De la fréquentation des bibliothèques publiques et particulières comme aussi des principales librairies. »

son séjour dans notre ville; un autre allemand, Daniel Maichel [1], qui publiait à Cambridge, en 1721, son *Introductio ad historiam litterariam de præcipuis bibliothecis Parisiensibus* [2]; le suédois George Wallin [3], qui au retour d'un voyage pendant lequel il avait passé près de deux ans à Paris, faisait paraître en 1722, à Nurenberg, sa *Lutetia Parisiorum erudita* [4], où tout un chapitre, le VIe, dont on lira la traduction plus loin, est consacré aux bibliothèques de Paris; enfin Charles-Étienne Jordan [5], protestant réfugié, dauphinois d'origine, mais né et mort à Berlin, qui, dans son *Histoire d'un voyage littéraire fait en 1733*, a donné aussi un certain nombre de détails sur les bibliothèques parisiennes.

George Wallin, fils de George Wallin, prédicateur de la cour, puis évêque de Hernösand (1644-1723), était né à Gefle (Suède), le 31 juillet 1686; inscrit dès l'âge de dix ans à l'université d'Upsal, il obtenait son diplôme de philosophie en 1707 et visitait bientôt après les principales universités d'Allemagne, des Pays-Bas et d'Angleterre. En 1710, il était nommé professeur de théologie au collège de Hernösand, puis en 1720, il entreprenait un long voyage en France et en Allemagne, au cours duquel il obtenait le titre de docteur en théologie de l'université de Wittenberg. De retour en Suède, il était nommé en 1724 prédicateur de la cour, en 1726 bibliothécaire de l'université d'Upsal, en 1732 professeur de théologie à la même université, enfin il devenait, en 1744, superintendant de Gotland et était bientôt appelé à l'évêché de Göteborg, où il mourut le 16 mai 1760. On lui doit de nombreux ouvrages sur l'histoire et les antiquités de la Suède, dont la liste est donnée dans la Biographie suédoise de M. H. Hogberg, auquel sont empruntés les détails qui précèdent; dans cette liste n'est pas mentionnée cependant la *Lutetia Parisiorum erudita* (Nurenberg, 1722, in-8°), non plus qu'un autre ouvrage de G. Wallin, relatif aussi à l'histoire de Paris, sa *Disquisitio*

---

1. Voir Christophori Saxii *Onomasticon literarium* (1788), t. VI p. 301.

2. Il en parut la même année une réimpression petit in-8°, de 254 p., à Leipzig, « juxta exemplar excusum Cantabrigiæ ».

3. Voir Christophori Saxii *Onomasticon literarium* (1788), t. VI, p. 710-711, et *Svenskt Biografiskt Handlexikon...*, af Herm. Hogberg (Stockholm [1876] in-8°), t. II, p. 448; la biographie de son père est aux p. 447-448. Il y a des détails très précis sur la carrière de G. Wallin jusqu'en 1723, dans un discours de Martin Chladni, prononcé à l'occasion du doctorat en théologie conféré à Wallin par l'université de Wittenberg (Vitembergæ [1723], literis viduæ Gerdesiæ, in-4°, 12 ff. non chiffrés).

4. Deux éditions identiques, page pour page, et qui ne diffèrent que par de légers détails typographiques, parurent la même année 1722; la première est reconnaissable aux lettres *ER*, début d'*Erratum*, au bas de la dernière page. Je dois la communication de ces deux éditions, à l'amitié de M. Paul Lacombe.

5. Voir *Nouvelle Biographie générale* (Didot-Hoefer), t. XXVI (1861), col. 934-935.

historico-critico-theologica de sancta Genovefa, Parisiorum et totius regni Galliæ patrona (Wittebergæ, 1723, in-4°).

La *Lutetia Parisiorum erudita sui temporis, hoc est annorum hujus sæculi XXI et XXII*, forme un petit volume in-8°, de quatre feuillets préliminaires et 182 pages [1]. Dans la préface, G. Wallin expose que son livre a été rédigé et imprimé pour donner satisfaction à de nombreux correspondants, qui lui demandaient des détails sur les érudits contemporains et les ressources littéraires de Paris, et surtout en faveur de ses amis suédois, qui dans leur éloignement n'obtenaient que de trop rares nouvelles de la France [2]. A la suite de cette préface est la table des neuf chapitres du livre, dans lesquels l'auteur passe successivement en revue les érudits parisiens contemporains et leurs œuvres principales, les plus notables des livres nouvellement publiés ou encore sous presse à Paris, l'Université, ses différents Collèges et les Académies, les archevêques et évêques de toute la France, les bibliothèques parisiennes, les journaux publiés alors à Paris, les imprimeurs et libraires parisiens en 1721-1722. G. Wallin avait gardé le meilleur souvenir de son séjour à Paris, des bibliothèques qui lui avaient été largement ouvertes et de l'accueil que lui avaient réservé leurs bibliothécaires, auxquels il ne ménage pas en terminant le témoignage de sa reconnaissance.

H. O.

CHAPITRE VI. — LES BIBLIOTHÈQUES DE PARIS

En revenant à Paris, je reprends mes anciennes chaînes ; c'est le nom que j'avais coutume de donner aux bibliothèques parisiennes, et certainement à bon droit. Ce ne sont pas en effet la grandeur et la beauté de la ville, la majesté de la cour, ni la vaine pompe des cérémonies, ni les promenades et les galeries du Louvre et du Luxembourg, ni l'agrément des festins, ni l'infortunée troupe des courtisanes, ni les théâtres, ni les masques du

---

1. Le chapitre VI (*de Bibliothecis Parisiensibus et nonnullis quæ ad eas pertinent*) occupe les p. 114-129.

2. Ce lui est une occasion, vers la fin de sa préface, de rappeler les quatre vers latins inscrits en 1681 par Regnard et ses deux compagnons de voyage, au terme de leur excursion au pôle nord : « Contigit tamen ante plures annos, ut duo *Galli* visendi orbem studio... hucusque iter suum extenderent. Perenne suæ præsentiæ monumentum ibidem in *Templo* quodam reliquerunt, quod magno, in hodiernum diem, studio servatur, quodque hic, ut ibi legitur, adponam. Quid enim non pro generosa illa *Gallorum* gente audebo ?

> » GALLIA *nos genuit, vidit nos* Africa, Gangem
> *Hausimus, Europamque oculis lustravimus omnem;*
> *Casibus ast variis jacti terraque marique*
> Hic stetimus tandem, nobis ubi defuit ORBIS. »

carnaval, ni les fêtes de nuit, ce n'est rien de tout cela qui m'a
retenu pendant tant de mois à Paris, mais les bibliothèques, ces
medicatoria animæ, τῆς ψυχῆς ἰατρεῖα, comme les appelaient les sages
de l'Égypte, au témoignage de Diodore de Sicile[1].

Il est difficile d'exprimer et on ne peut facilement comprendre,
sans l'avoir soi-même éprouvé, l'attrait des bibliothèques de Paris.
Aussi, maintenant que j'ai repris ma liberté, afin de ne pas me
laisser de nouveau enchaîner, en consacrant à cette matière
immense plus de temps et de volumes qu'il ne convient, je dois
m'imposer les règles suivantes : 1° énumérer seulement les plus
célèbres bibliothèques; 2° désigner leur emplacement dans cette
ville immense; 3° indiquer le nombre de leurs volumes manuscrits
et imprimés; 4° enfin donner les noms de leurs directeurs. L'histoire de ces bibliothèques a été jadis écrite par Louis Jacob dans
son *Traité des plus belles bibliothèques publiques et particulières*
(Paris, 1644, in-8°); elle a été traitée récemment encore par
Daniel Maichel (Cambridge, 1721, in-8°); son livre offre de
l'intérêt, mais il y a beaucoup d'omissions cependant, plusieurs
bibliothèques ne sont pas mentionnées. Un seul homme ne peut
tout voir et à plus forte raison tout décrire.

I. *Bibliothèque Royale*, dans l'hôtel de Nevers, près la place
des Victoires et le jardin du Palais Royal, du Régent. Manuscrits,
18.000. — Imprimés, 80.000. Directeur de la Bibliothèque, M. l'abbé
Jean-Paul Bignon[2]. Bibliothécaires et Gardes : Manuscrits, M. Jean
Boivin; Imprimés, M. Louis [de] Targny.

---

1. *Diodori Siculi Bibliotheca historica*, I, 49 (éd. P. Wesseling, 1746,
t. I, p. 58).

2. G. Wallin a consacré à l'abbé J.-P. Bignon, dans son premier chapitre, la notice suivante : « M. Jean-Paul Bignon, abbé de Saint-Quentin,
conseiller du roi, président des deux Académies des Sciences et des Ins-
criptions, directeur de la Bibliothèque du roi, auparavant doyen du chapitre de Saint-Germain-l'Auxerrois, dignité qu'il a résignée en faveur de
M. Vivant, qui a accompagné le cardinal de Rohan dans son voyage à
Rome. Aujourd'hui, par suite d'un échange d'hôtels, l'abbé Bignon habite
là où se trouvait précédemment la Bibliothèque du roi, rue Vivienne,
près de la place des Victoires, et chaque jour, de 11 heures à 1 heure, il
y reçoit les étrangers et autres personnes avec la plus grande bonté... Il
est non seulement le maître souverain et le directeur de toutes les bibliothèques royales du royaume, mais encore le protecteur et le Mécène de
tous les lettrés, et en quelque sorte la proue et la poupe de toute la
république des lettres de la France. La multitude de ses occupations ne
lui a pas permis, comme aux savants qui ont de grands loisirs, de publier
de gros volumes; on lui doit quelques sermons remarquables, mais qui

II. *Bibliothèque de Colbert*, rue de Bourbon, dans l'hôtel de M. de Seignelay, fils de Colbert. Manuscrits, 9.000; parmi lesquels tous ceux de Jacques-Auguste de Thou; les livres imprimés ont été achetés par le cardinal de Rohan. — Imprimés, 18.000. Bibliothécaire, autrefois Étienne Baluze, actuellement l'abbé de Mollu[1].

III. *Bibliothèque de l'abbaye de Saint-Victor*, dans la rue du même nom. Manuscrits, 3.000. — Imprimés, 40.000. Premier bibliothécaire, M. Le Brun, chanoine de ce collège. — Sous-bibliothécaire, M. Bon-Amy.

IV. *Bibliothèque Maïarine*, ou du Collège *des Quatre-Nations*, sur le quai Malaquais, près du Pont-Neuf. Manuscrits, transportés tous, en 1668, dans la Bibliothèque Royale. — Imprimés, 37.000. Bibliothécaire, autrefois Gabriel Naudé, actuellement M. Quinot, docteur de Sorbonne. — Sous-bibliothécaire, M. Francastel.

V. *Bibliothèque de Sorbonne*, entre les rues Saint-Jacques et de la Harpe, dans le faubourg Saint-Jacques. Manuscrits, plus de 2.000, parmi lesquels 800 proviennent du cardinal de Richelieu. — Imprimés, 30.000. Bibliothécaire, M. François Salmon, docteur de Sorbonne.

VI. *Bibliothèque de Saint-Germain-des-Prés*, des religieux de l'Ordre de S.-Benoît, Congrégation de S.-Maur, dans le faubourg Saint-Germain, près de l'église du même nom. Manuscrits de Coislin[2], 4.000; autres, 2.000. — Imprimés, 35.000. Bibliothécaire des manuscrits de Coislin, D. Martin Bouquet; — des livres imprimés : D. Antoine de la Prade et D. Jacques Loyau.

VII. *Bibliothèque de l'abbaye de Sainte-Geneviève*, sur la montagne du faubourg Saint-Jacques. Manuscrits, 600. — Imprimés, 60.000; parmi lesquels 17.000 ont été donnés à cette bibliothèque par l'archevêque de Reims, Charles-Maurice Le Tellier, mort en 1710. Bibliothécaires : le P. [Le] Courayer et le P. Claude Prevost.

---

n'ont pas encore été publiés... On dit qu'à la différence des autres panégyristes, dont les sermons sont remplis de louanges excessives des saints, les siens ont uniquement une portée morale. »

1. L'abbé Guillaume Milhet, successeur de l'abbé Duchesne (1700-1716), qui lui-même avait remplacé Baluze, mort en 1718.

2. « Ainsi appelée du nom de son possesseur actuel, l'évêque de Metz, et jadis de Séguier. » (Note de G. Wallin.)

VIII. *Bibliothèque des Jésuites du Collège Louis-le-Grand*, rue Saint-Jacques. Manuscrits, 6oo. — Imprimés, environ 5o.ooo. Bibliothécaire, autrefois Jean Hardouin, actuellement le P. Thoubeau et le P. Languedoc.

IX. *Bibliothèque des Jésuites de la Maison professe*, dans le faubourg et la rue Saint-Antoine. Manuscrits, en petit nombre et modernes. — Imprimés, 18.ooo; plus les bibliothèques de Huet, 8.ooo, et du P. Tournemine, 7.ooo. Bibliothécaire, le P. René-Joseph Tournemine.

X. *Bibliothèque de la Congrégation des Pères de l'Oratoire*, rue Saint-Honoré. Manuscrits, 8oo; parmi lesquels 6oo orientaux provenant d'Achille de Harlay. — Imprimés, 27.ooo. Bibliothécaire, autrefois Jacques Le Long, actuellement le P. Pierre-Nicolas Des Molets.

XI. *Bibliothèque du couvent des Frères Prêcheurs*, rue Saint-Honoré. Manuscrits, la plupart provenant de Goar[1], 2oo. — Imprimés, 25.ooo. Bibliothécaire, le P. Michel Le Quien.

XII. *Bibliothèque des Frères Prêcheurs du Collège de Saint-Jacques*, rue Saint-Jacques. Manuscrits, en petit nombre et latins. — Imprimés, 8.ooo. Bibliothécaire, le P. Maignent, docteur de Sorbonne, et le P. Sabbatier.

XIII. *Bibliothèque des Augustins déchaussés*, près de la place des Victoires, dans le Collège des Petits-Pères. Manuscrits, la plupart modernes et français, 6oo. — Imprimés, 2o.ooo. Bibliothécaire, le P. Eustache.

XIV. *Bibliothèque des Carmes déchaussés*, près du jardin du Luxembourg. Manuscrits, sans intérêt et en très petit nombre. — Imprimés, 1o.ooo. Bibliothécaire, le P. Jacques Armand.

XV. *Bibliothèque des religieux de l'Ordre des Minimes*, au Champ Royal, dans le faubourg Saint-Antoine. Manuscrits, 3oo. — Imprimés, 2o.ooo. Bibliothécaire, le P. Thibouville.

XVI. *Bibliothèque de Saint-Charles*, ou de la Congrégation de la *Doctrine chrétienne*, sur la montagne, près de l'abbaye de

---

1. Le P. Jacques Goar (161o-1653); voir Quétif et Échard, *Scriptores Ordinis Prædicatorum*, t. II, p. 574-575.

Sainte-Geneviève. Manuscrits, en petit nombre, et exclusivement
théologiques. — Imprimés, 12.000. Bibliothécaire, le P. Noël-
Philippe Baizé.

XVII. *Bibliothèque des Célestins,* près la porte Saint-Antoine,
sur les bords de la Seine. Manuscrits, en petit nombre. —
Imprimés, 12.000. Bibliothécaire, le P. Antoine Bequet.

XVIII. *Bibliothèque des Franciscains,* rue des Cordeliers,
faubourg Saint-Germain. Manuscrits, surtout latins, 5o. — Imprimés, 10.000, Bibliothécaire, François-Nicolas Vaucher.

XIX. *Bibliothèque du Collège de Navarre.* Manuscrits, 900. —
Imprimés, 7.000. Bibliothécaire, M. Pierre Davolé.

Telles sont les principales bibliothèques qui recommandent
Paris aux lettrés. Si l'on veut atteindre le nombre vingt, on y peut
ajouter la Bibliothèque juridique des Avocats, dans le palais
archiépiscopal, fondée par Riparfond, ou, si l'on préfère, on peut
en constituer une autre par la réunion de celles des Pères Récol-
lets, Feuillants et Carmes du grand couvent.

Parmi les bibliothèques particulières, dont le nombre est aussi
grand à Paris que celui des savants, c'est-à-dire presque infini,
il faut citer, outre la Bibliothèque de Colbert, dont il a été
question plus haut, celles du cardinal de Noailles, actuellement
archevêque de Paris, et du cardinal de Rohan, évêque de Stras-
bourg, dans le palais Soubise. Quant à la bibliothèque de Bignon,
elle est aussi célèbre, au témoignage de beaucoup de personnes,
aussi bien par le nombre de ses volumes, qui monte à 60.000, que
par le bon ordre qui y règne et par l'excellence de ses livres. Mais,
depuis qu'elle est passée en d'autres mains et que l'abbé Bignon
l'a vendue à Law, il est à regretter que ce trésor soit devenu invi-
sible.

Il serait trop long et sans grande utilité de décrire les bâtiments,
les salles et tous les ornements de ces bibliothèques ; je dirai, en un
mot, que les plus belles sont celles de l'abbaye de Saint-Germain,
de Sainte-Geneviève, des Jésuites de la Maison professe et des
Augustins déchaussés. Il n'est pas douteux que le nouveau bâti-
ment de la Bibliothèque Royale[1] dépassera de beaucoup tous les

1. D'après le *Mémoire-Journal* de Jean Buvat, c'est au mois d'octobre
1721, qu'eut lieu le transport des livres de la Bibliothèque royale de la
rue Vivienne à la rue de Richelieu. (Voir *Revue des Bibliothèques,* 1900,
t. X, p. 331.)

autres; mais cet immense amas de volumes n'étant pas encore
remis en ordre, il ne m'a pas été permis de le voir, et je me suis
cependant félicité d'avoir pu, à maintes reprises, voir et étudier ce
trésor royal avant son transfert.

Il ne sera pas non plus hors de propos d'indiquer quelles sont
celles de ces bibliothèques qui sont ouvertes au public. La première est celle de Saint-Victor, qui est ouverte à tout le monde
trois jours par semaine, les lundi, mercredi et samedi; puis la
bibliothèque Mazarine, les lundi et jeudi; la bibliothèque Riparfond est fréquentée presque tous les jours par les juristes et les
avocats; enfin la bibliothèque de Saint-Charles, ainsi appelée du
cardinal Charles Borromée, dont on y voit l'image, fondée par
M. Jean Miron, docteur en théologie, a commencé à être publique,
les mardi et vendredi, au mois de novembre 1718. Ces jours ont
été particulièrement choisis, de sorte qu'il n'y en ait pas un seul
dans la semaine, à l'exception des jours fériés, où il ne soit possible aux travailleurs d'étancher leur soif d'étude. Mais cela ne
paraît pas suffire encore à ceux qui, suivant le mot de Cicéron,
dévorent les livres, et qui sont obligés de s'arrêter au milieu de
leur course et de mettre un terme à leur ardeur, en fermant leurs
livres, à dix heures, avant le repas, et à quatre heures après-midi,
heures considérées comme moins favorables aux bonnes lettres.
Ceux-ci préfèrent les autres bibliothèques à celles qui sont
publiques; ils y peuvent en effet rassasier complètement leur esprit
vorace sans crainte aucune d'être interrompus par la clochette.

Je me félicitais en moi-même, et me comparais aux oiseaux en
plein air, toutes les fois que, dans la bibliothèque de Saint-Germain-
des-Prés, je m'asseyais au milieu de tant de morts du matin jusqu'au
soir. La bibliothèque des Bénédictins de Saint-Germain-des-
Prés offrait pour moi aussi un autre agrément; les livres n'y
sont point en effet enfermés derrière des grilles, mais libres de
toute captivité et à l'entière disposition des lecteurs. Ce qui est
d'autant plus agréable pour ceux-ci, qu'il n'est pas besoin de
demander chaque livre au bibliothécaire, particulièrement à
M. L[oyau], trop occupé à dresser son catalogue et par suite pas
toujours facile à remuer. Mais deux choses sont nécessaires à ceux
qui désirent obtenir un pareil privilège: c'est d'abord une recom-
mandation pour l'un des érudits qui possèdent ces précieuses
bibliothèques. J'en fus redevable à un savant, pour moi au-dessus
de tout éloge, le docteur Jean Albert Fabricius[1], dont la lettre d'in-

1. Le célèbre bibliographe Jean Albert Fabricius (1668-1736), sur les
nombreux ouvrages duquel on peut consulter H. S. Reimari *de vita et
scriptis Joannis Alberti Fabricii commentarius* (Hamburgi, 1737, in-8°).

troduction me valut d'abord l'amitié du célèbre Dom Montfaucon et bientôt le plus large accès à la splendide bibliothèque de Saint-Germain-des-Prés. Une seconde chose est indispensable, si l'on veut tirer parti d'un tel amas de trésors, c'est de bien connaître leur classement, afin qu'en cherchant la Grèce, on ne soit pas exposé à rencontrer l'Arabie, ou les sciences juridiques et médicales, au lieu des œuvres des Pères de l'Église.

J'ai pratiqué plus que les autres la bibliothèque des Jésuites du Collège de Louis le Grand, dans le voisinage de laquelle j'habitais ; j'y ai passé des journées entières dans le commerce de maîtres muets, et par un privilège plus grand encore, il m'a été donné d'en étudier plusieurs à la maison.

Je ne puis omettre de payer ici un juste tribut d'éloges à tous les bibliothécaires parisiens, qui, quoique hérétique à leur point de vue, m'ont toujours prodigué leurs bons offices et n'ont opposé aucun refus à mes importunités. Ils n'ont point cette fausse gravité et cet air chagrin que j'ai trouvé ailleurs chez ces petits bibliothé-caires, qui, à l'arrivée d'un étranger, se cachent dans un recoin écarté, sans doute pour éviter le froid en hiver et la chaleur en été, et ils ne sont point de ceux dont les connaissances littéraires sont à ce point bornées, qu'ils ne savent pas qui est et où se trouve Lam-becius [1]. Le bibliothécaire connaît à fond presque toutes les branches d'études et d'érudition, aussi les étrangers peuvent-ils apprendre beaucoup de lui, et sa politesse est si grande qu'on le pourrait croire né et fait pour soi seul. Dès qu'il apprend votre pré-sence, il quitte tout pour venir au devant de vous, le visage sou-riant et les mains tendues. Il vous introduit aussitôt dans sa biblio-thèque, vous accompagne dans toutes les salles, et ce n'est pas sans peine que l'on peut obtenir qu'il se couvre la tête. Tout ce qu'il a de curieux, de rare et de beau, il vous le montre, sans qu'il soit besoin de l'en prier, par un simple mouvement de bienveil-lance, vous invitant à le prendre, à le feuilleter, à l'étudier. S'il entend que vous désirez quelque livre, il semble que ce soit un ordre du prince, tellement il est prompt à vous satisfaire. Le voici feuilletant sans retard le catalogue, notant la cote du volume, par-courant les armoires, dressant l'échelle, la gravissant, et il ne permet pas que vous l'aidiez, ni même que vous portiez un livre. Il vous offre un siège, garnit votre table, vous sert debout dès que vous êtes assis, et quand vous avez demandé un livre vous en apporte dix autres sur le même sujet, pour les comparer, si vous le

---

1. Auteur des *Commentariorum de aug. Bibliotheca Cæsarea Vindo-bonensi libri VIII* (1665-1679, 10 vol. in-fol.).

désirez, ou si vous n'en avez pas le loisir, pour en noter au moins
les titres; il vous fournit l'encre, le papier, et les plumes, et même
de la lumière, si la nuit approche. S'il vous voit occupé, afin de ne
point vous importuner, il vous demande la permission de se retirer,
comme s'il ne le pouvait faire autrement, et ferme la porte, vous
laissant seul, bien muni de livres, avec le repos et les armes nécessaires pour les utiliser. Il revient une heure ou deux après, vous
demande si vous êtes satisfait de tel ou tel auteur, quel est votre
jugement à son sujet, si vous ne désirez pas de nouveaux volumes,
toujours prêt à vous rendre de nouveaux services. Si au contraire
vous avez fini de lire, il rassemble les volumes et les remet à leur
place; leur poids lui fait quelquefois pousser des soupirs, mais son
visage est toujours gai, car il ne veut point que vous voyiez à ces
soupirs un motif d'impatience. Enfin, lorsque vous partez, il vous
remercie de l'honneur que vous avez fait par votre visite à sa bibliothèque, il vous accompagne, au travers des échelles, jusqu'à la dernière porte, la tête découverte, et vous quitte comme à regret, vous
priant de revenir le plus souvent possible, non point pour obéir à
votre serviteur, mais afin de disposer à votre gré de la bibliothèque,
comme si elle vous appartenait.

Les catalogues ne sont point imprimés, à l'exception de ceux
des manuscrits grecs de la Bibliothèque Coislin, chez les religieux
bénédictins, et de la Bibliothèque Le Tellier, chez les chanoines
réguliers de Sainte-Geneviève. Il faut aussi remarquer que Claude
du Molinet a donné, en un volume formé de deux parties, une des-
cription du musée qui forme une partie de cette bibliothèque, sous
le titre de : *Le Cabinet de la Bibliothèque Sainte-Geneviève* (Paris,
1692, in-fol., avec figures). Les autres catalogues sont ou manuscrits, ou encore inachevés. Il y a deux catalogues des livres
imprimés de la Bibliothèque du Roi : l'un, par ordre alphabétique,
compte 21 volumes; l'autre, par ordre méthodique, forme 14 volumes in-folio. Les catalogues des manuscrits suivent l'ordre des
langues : les manuscrits grecs remplissent 3 volumes in-folio,
les manuscrits arabes, 2 volumes, etc. Le catalogue de la
bibliothèque de Sorbonne, d'une écriture fort élégante et distribué
en un ordre admirable, a été entrepris par Chevillier, et le bibliothécaire actuel, François Salmon, l'a rédigé à nouveau, avec une
préface au lecteur, en 13 volumes in-folio. Le catalogue des livres
de l'abbaye de Saint-Victor forme 5 volumes in-folio. Le catalogue de la bibliothèque des Jésuites du Collège de Louis-le-
Grand a été dressé avec beaucoup de soin par Jean Hardouin;
Jean Garnier, de la même société, a publié un *Systema* ou cadre
de classement de la même bibliothèque (Paris, 1678, in-4°), mais
on y trouve seulement l'ordre dans lequel sont disposés les livres

et non le détail des livres eux-mêmes. A la Bibliothèque Mazarine
on se sert du catalogue de la Bibliothèque Bodléienne rédigé et
imprimé par Thomas Hyde ; cette bibliothèque est en effet disposée
dans le même ordre, et on a interfolié l'exemplaire pour y noter les
livres nouveaux ou ceux que ne possédait pas la bibliothèque
anglaise. Dans la Bibliothèque des Pères de l'Oratoire, il n'y a pas
de catalogues, mais seulement des fiches, classées alphabétique-
ment ; je n'en saurais rien dire de plus, mais dès que j'ai demandé
quelque livre au bibliothécaire, je l'ai toujours vu recourir à ces
fiches, qui sont à peine plus grandes que les cartes à jouer et sur
lesquelles sont inscrits 15 et plus titres de livres ; 5o à 6o de ces
fiches forment un fascicule, ficelé pour le séparer des fascicules
voisins. C'est un genre de catalogue qui semble peu pratique et
exposé à des dangers variés ; un courant d'air, lorsque le fil se
trouve par hasard rompu, risque de brouiller tout le fascicule, de
sorte qu'on peut dire, avec quelque raison, de cette belle bibliothèque *tenui pendere filo*. Mais voici trop longtemps qu'il est question de bibliothèques parisiennes, nous avons dépassé les bornes
que nous nous étions fixées au début ; la cloche a sonné, il faut
sortir.

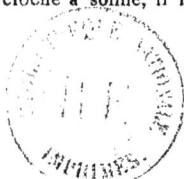

Paris. — Typ. Ph. Renouard, 19, rue des Saints-Pères. — 54522.